BARREAU DE POITIERS.

ÉLOGE
D'EUSÈBE DE LAURIÈRE

JURISCONSULTE DU XVIIᵉ SIÈCLE.

DISCOURS

PRONONCÉ

A LA SÉANCE SOLENNELLE DE RENTRÉE DE LA CONFÉRENCE
DES AVOCATS STAGIAIRES

Le 23 janvier 1875

PAR

Gaston de ROUSIERS

Avocat, docteur en droit, secrétaire de la conférence.

POITIERS
TYPOGRAPHIE DE A. DUPRÉ
RUE DE LA PRÉFECTURE

1875

BARREAU DE POITIERS.

ÉLOGE

D'EUSÈBE DE LAURIÈRE

JURISCONSULTE DU XVIIe SIÈCLE.

DISCOURS

PRONONCÉ

A LA SÉANCE SOLENNELLE DE RENTRÉE DE LA CONFÉRENCE
DES AVOCATS STAGIAIRES

Le 23 janvier 1875

PAR

Gaston de ROUSIERS

Avocat, docteur en droit, secrétaire de la conférence.

POITIERS
TYPOGRAPHIE DE A. DUPRÉ
RUE DE LA PRÉFECTURE

1875

IMPRIMÉ AUX FRAIS DE L'ORDRE, PAR DÉCISION DU CONSEIL.

Le samedi 23 janvier 1875, à deux heures, l'Ordre des avocats à la Cour d'appel de Poitiers s'est réuni en robes, dans la salle d'audience de la première chambre de la Cour, pour l'ouverture de la conférence des avocats stagiaires.

Étaient présents : Mes Calmeil, doyen de l'Ordre, président de l'assemblée, en l'absence de M° Lepetit, bâtonnier, empêché; Bourbeau, Levieil de la Marsonnière, Ducrocq, Arnault de la Ménardière et Orillard (Alfred), membres du Conseil de l'Ordre; Mes Calmeil (Victor), Parenteau-Dubcugnon, Oudin, Lecourtois, Druet, Énou, Tortat, Pierron, Groussau, Ginot et Bonnet, avocats inscrits au tableau de l'Ordre.

La barre était occupée par les avocats stagiaires.

M. le président donne successivement la parole à Mes Broussard et de Rousiers, avocats stagiaires, secrétaires sortants de la conférence, désignés par le Conseil de l'Ordre pour prononcer les discours de rentrée.

Mᵉ Broussard lit un discours sur les *Juridictions municipales dans l'ancienne France*, et Mᵉ de Rousiers prononce l'*Éloge d'Eusèbe de Laurière*.

Après ces deux discours, M. le président consulte le Conseil de l'Ordre, qui, suivant l'usage, ordonne leur impression aux frais de l'Ordre.

M. le président annonce en outre que le Conseil de l'Ordre a nommé secrétaires de la conférence des avocats stagiaires pour l'année 1875 : Mᵉˢ Bailleux, Heulard de Montigny, Gelineau, Chardon de Chenemoireau, avocats stagiaires.

Il déclare ensuite la séance levée.

ÉLOGE

D'EUSÈBE DE LAURIÈRE.

Messieurs,

La justice a été dans tous les temps un des premiers besoins des peuples, comme un des premiers devoirs des gouvernements qui les dirigent. Faire régner l'équité, l'harmonie sur la terre, dans les relations, dans les rapports des hommes entre eux, donner au faible une protection contre le fort et mettre un frein à l'ambition souvent aveugle de l'intérêt privé, tel est le but où doit tendre une société bien organisée. C'est par là qu'elle s'agrandit, qu'elle se perfectionne, qu'elle se civilise, qu'elle accomplit une partie de sa mission providentielle. Mais la justice, pour mériter vraiment ce titre admirable, pour offrir une protection vraiment sérieuse, une garantie vraiment efficace à ceux qui la réclament et qui en sollicitent les bienveillants effets, pour devenir impartiale, pour demeurer à l'abri de l'arbitraire, la justice doit reposer sur des bases, sur des principes certains, sur des règles fixes et déterminées à l'avance, indiquant à chacun la limite de son pouvoir, et courbant sur son inflexible niveau toutes les volontés rebelles. Ces règles, ces principes, cette autorité supérieure qui plane au-dessus de nos têtes, pour nous commander et nous régir, c'est ce que dans tous les États on appelle d'un nom aussi simple que grand, la loi !

Quelque belle, quelque vaste qu'elle soit pourtant, elle ne peut jamais, dans l'application, se soutenir par elle seule ; quelque habiles qu'aient été ses rédacteurs, ils n'ont jamais pu prévenir toute équivoque, toute antinomie, toute dispute sur leur intention ; quelle qu'ait été la portée de leur esprit, ils n'ont pu tout prévoir, embrasser les circonstances infinies qui varient et multiplient les espèces avec la pratique de chaque jour ! D'ailleurs, les passions ne cherchent-elles pas même dans les dispositions les plus correctes et les plus précises un sens qui puisse satisfaire leurs basses convoitises ? De là, des difficultés, des nuances dont la source est toujours intarissable et qui se dispersent d'une manière funeste sur les particuliers et sur les familles. Il faut donc, par un commentaire vif et lumineux, diminuer autant que possible le volume de ce mal inhérent à notre nature ; il faut faire surgir des textes, en les creusant et en les combinant, les décisions qu'ils renferment pour chaque fait et pour chaque hypothèse ; il faut dissiper les ombres qui voudraient en voiler la pureté ou en ternir l'éclat, en un mot former à côté de la loi un ensemble de principes, un corps de doctrine qui la complète et qui l'éclaire.

Au jurisconsulte appartient ce rôle. A lui de saisir les éléments généraux qui lui sont donnés, pour en tirer des conséquences fécondes. A lui de découvrir dans une idée, par le raisonnement et la logique, les mille autres idées qui s'y tiennent endormies et captives. A lui de prendre la défense de toutes les prétentions légitimes et de préparer, en leur trouvant des moyens de triomphe, les décisions que le magistrat, qui tient dans ses mains le sceptre du droit, saura rendre exécutoires. Grand et noble rôle, Messieurs ; rôle glorieux entre tous, puisqu'il ne tend à rien moins qu'à coopérer à l'œuvre auguste de la justice ! L'histoire des jurisconsultes n'est donc autre chose que l'histoire des progrès du droit et de la civilisation, dont le droit offre constamment le miroir fidèle, étude dès lors toujours curieuse, toujours instructive, toujours pleine d'attrait. Mais, si le jurisconsulte dont il s'agit n'est pas seulement une illustration de la patrie ; s'il est en même temps une illustration locale, s'il appartient, comme *Eusèbe de Laurière*, à cette phalange de grands hommes qui à toutes les époques ont fait la gloire de notre province, on ressent encore plus de charme à évoquer sa mémoire et à rappeler, en face de la richesse du présent, ces brillants souvenirs du passé. Puissé-je le faire dignement ! Puisse ma parole inexpérimentée retracer comme il le convient les traits d'une aussi belle vie ! Puisse-t-elle vous exprimer telle que je l'ai ressentie l'admiration profonde qui m'a saisi à la lecture de ses ouvrages, bien vous montrer la reconnaissance que lui doit la science et les progrès immenses qu'elle a accomplis par lui !

I.

Chacun ici-bas apporte en naissant une aptitude, une vocation particulière qu'il doit agrandir et féconder par son travail. La réunion de toutes ces aptitudes, le faisceau de toutes ces vocations individuelles constitue, dans les États, l'unité et l'harmonie en alimentant toutes les artères, en communiquant de la séve à toutes les branches nécessaires à son fonctionnement régulier. Chez certains hommes, cette vocation ne se révèle que tard. Ce qu'on en croit saisir un instant, s'efface vite ; elle bondit tout à coup, après avoir longtemps fait douter d'elle, comme ces fleuves que l'on admire sans pouvoir jamais remonter à leur source. Chez d'autres, au contraire, elle suit un progrès constant, un cours normal ; on la voit graduellement accomplir sa marche ; l'âge mûr répond à l'enfance, comme les fruits de l'automne répondent d'ordinaire à ce qu'ont promis les fleurs du printemps. Ces vocations sont toujours les meilleures, surtout pour les ouvrages de longue haleine, pour les études qui, comme le droit, n'exigent pas seulement un talent éprouvé, mais encore des investigations, des recherches, un labeur et une méditation soutenus. Les premières brillent plus particulièrement par ces dons naturels et faciles qui semblent couler sans effort, comme de belles ondes où leur pente les incline. Les secondes savent mieux se frayer une route à travers les chemins difficiles ; elles savent mieux renverser les obstacles, accumuler plus de richesses, car l'esprit, pour aller loin, veut être façonné de bonne heure et ne pas se perdre dans des détours inutiles.

Telle était éminemment, Messieurs, la vocation dont le ciel avait favorisé Eusèbe de Laurière. Sa vie tout entière ne fut que le développement régulier et paisible des facultés heureuses qu'il montrait tout enfant. Dès ses plus tendres années, il avait presque la gravité et le sérieux de l'homme. On le voyait uniquement occupé du désir de s'instruire, fuir avec soin les amusements de son âge, et s'empresser, selon le conseil de d'Aguesseau, d'utiliser pour la science « ces heures qui volent et ces moments qui passent sans retour (1). » A quatorze ans, époque où d'ordinaire les rêves d'avenir entrent pour peu dans les pensées quotidiennes, où l'on songe au plaisir encore plus qu'à l'étude, il employait un modeste legs à acheter des livres et à poser les premiers fondements d'une bibliothèque. Dans ses classes, les questions âpres, difficiles, l'attiraient d'instinct; il s'y attachait avec une opiniâtreté invincible, les envisageait sous toutes leurs faces, les tournait, les retournait en tous sens, ne les laissait jamais sans les avoir résolues, les agrandissait même en y découvrant des corollaires nouveaux, en imaginant des hypothèses qu'il y rattachait. La leçon du maître, à peine l'avait-il recueillie, il la tourmentait pour en faire jaillir quelque étincelle nouvelle. C'était peu pour lui de recevoir la vérité toute faite: il voulait par la méditation la retrouver à son tour, l'*ajuster* (2) par la réflexion à son raisonnement; s'essayant déjà à ne pas suivre les sentiers battus, à marcher de lui-même et sans guide, à penser en un mot, talent toujours rare, encore plus rare dans un enfant, à penser, ce qui est la vraie vie de l'esprit et le cachet des hommes vraiment supérieurs.

De semblables aptitudes n'échappèrent point au professeur dont il fut l'élève pendant plusieurs années. Le Père de Villiers fut frappé des ressources que révélait cette intelligence d'élite; il vit qu'il ne s'agissait pas là d'un jeune homme ordinaire, et il prédit (prédiction qu'il aima souvent à rappeler depuis) la brillante carrière qui lui était réservée et la renommée qui l'attendait dans le monde.

En quittant le collége, le jeune élève de Louis-le-Grand (3) alla à l'Université de Paris s'initier à la science des lois. Ses progrès

---

(1) Mercuriale XVIe sur l'emploi du temps.
(2) Mot de Descartes.
(3) Alors tenu par les Jésuites.

y continuèrent. A vingt ans, en 1679, il avait conquis ses grades, et l'ordre des avocats du Parlement le comptait parmi ses membres. Ce n'est pas cependant qu'il dût faire sa carrière de la noble profession où il venait d'entrer. Sans doute il n'y resta point complétement étranger, et un grand nombre de personnes qui purent l'approcher bénéficièrent de ses consultations savantes et de ses excellents conseils. Ses plaidoiries furent plus rares ; et il ne se produisit que très-peu à la barre, où ses heureux débuts lui assuraient une place distinguée parmi les orateurs éminents de son époque ; non pas qu'il eût brillé par ces mouvements saisissants qui émeuvent et entraînent, non pas qu'il ait eu cette richesse d'imagination et cette splendeur de style qui ravit et enchante, « qui se rencontre aussi quelquefois, dit M. Villemain, avec l'impuissance de saisir et d'enchaîner les parties diverses d'un ensemble unique (1) » ; mais il aurait trouvé, on peut l'affirmer sans crainte, dans l'inépuisable fécondité de sa logique, dans la rigueur de ses déductions, le choix de ses développements, l'ordonnance de ses preuves, la mâle sobriété de son langage, de quoi réaliser d'une façon supérieure ce type de l'éloquence que La Rochefoucauld a si bien définie : « l'art de dire tout ce qu'il faut dire et de ne dire que ce qu'il faut (2). »

D'autres destinées l'appelaient. Encore mieux fait pour la méditation et l'étude que pour les luttes journalières du barreau, il se retira pour consacrer tout son temps à composer dans le silence les ouvrages dont il devait enrichir la science. Sa vie se partagea désormais entre les livres qu'il lisait et ceux que produisait sa plume féconde. Il voulait être le jurisconsulte écrivain plutôt que l'avocat pratique ; et ses qualités précieuses le rendaient merveilleusement apte au rôle qu'il ambitionnait. S'il faut en effet, comme on l'a dit, pour devenir jurisconsulte, être doué d'une raison forte et d'une sagacité rare, s'il faut avoir pour le travail une infatigable ardeur, s'il faut posséder une vaste intelligence capable de planer sur la sphère des lois pour en éclairer les points obscurs et faire briller d'un éclat plus ra-

---

(1) Discours d'ouverture au cours d'éloquence en 1822. Mélanges litt., p. 211.
(2) Maximes, n° CCL.

dieux les vérités connues, en aplanissant les avenues de la science, et en agrandissant ses bornes ; s'il faut savoir saisir les rapports et les points de vue qui échappent aux esprits ordinaires, s'il faut enfin faire preuve de qualités assez élevées, assez puissantes pour servir de guide à ceux qui voudraient suivre vos traces, et les conduire dans des routes jusque-là inaccessibles et inexplorées, nul n'était plus propre à mériter un jour ce nom magnifique, révéré chez tous les peuples, et que, par un témoignage de respect et d'admiration, l'antiquité confondit longtemps avec celui de philosophe et de sage, parce que la philosophie et la jurisprudence avaient également pour objet l'amour et la pratique du bien !

A cette époque d'ailleurs, le droit, science toujours vaste, toujours pénible, puisqu'elle embrasse dans ses limites presque tout le domaine extérieur de la conscience humaine, offrait des difficultés encore plus considérables, vu la prodigieuse diversité des lois qui nous régissaient. L'unité législative dans ce grand travail, dans ce grand effort vers l'unité, qui est comme le résumé de notre histoire nationale, avait apparu la dernière, n'avait été réalisée qu'après toutes les autres. Tandis, en effet, que l'unité politique, déjà commencée sous saint Louis, presque accomplie sous Louis XI, recevait de Louis XIV sa dernière puissance et son dernier achèvement ; tandis que la langue ne connaissait plus le Nord et le Midi, que l'idiome du *troubadour* et du *trouvère*, la *langue d'oc* et la *langue d'oïl* s'étaient réunis pour devenir la majestueuse langue de Pascal et de Bossuet, que sa clarté, son harmonie, sa richesse, faisaient adopter au traité de Nimègue comme la langue diplomatique de l'Europe ; tandis que tous obéissaient à un même souverain, se levaient pour un même principe, étaient les sujets d'un même roi, tous au contraire vivaient sous des lois différentes, et assujettis à une même autorité publique, tous conservaient un droit privé particulier. Les provinces françaises ressemblaient alors à une agrégation de familles qui auraient accepté une vie commune pour les affaires du dehors, qui auraient subi une règle générale pour les intérêts généraux, mais qui auraient exigé pour leur intérieur, pour ce qui les concerne plus intimement le maintien de leurs traditions, de leurs usages, signes d'une individualité ancienne et d'une origine plus indépendante.

Le droit en un mot, expression toujours vivante des mœurs, des tendances, des aspirations d'un pays, s'était formé, comme la France elle-même, d'éléments divers et multiples, individualisés selon les classes, les personnes, les territoires. Dans les provinces méridionales, le droit romain dominait. Le Midi, qui s'était le premier plié aux usages de Rome conquérante, avait été le dernier à en perdre l'empreinte; et en passant sous la domination Germaine, en vivant côte à côte avec ses vainqueurs, il n'avait pas seulement conservé ses lois, il les avait assimilés aux siennes. Le Nord au contraire, qui avait été plus rebelle aux armes de César, qui n'avait accepté que plus tard et moins complétement la civilisation nouvelle apportée par ses dominateurs, s'était plus promptement identifié aux mœurs Germaines, avait abandonné plus de bonne heure les lois romaines pour se soumettre aux lois barbares, ou plutôt pour se former de tous ces débris, suivant les besoins de l'époque, les rapports nouveaux qui s'établissaient, une foule d'usages, variant avec chaque territoire, avec chaque caste, naissant spontanément où la nécessité les appelait, visant uniquement à la pratique, sans se laisser guider par quelque règle générale ou par quelque principe abstrait: bizarre assemblage de préjugé et de raison, de juste et d'injuste, d'or pur et d'alliage, quoique contenant au fond les vrais principes et ne comprenant pas moins de trois cents coutumes. Ajoutez à cela le droit canonique, les ordonnances royales exécutoires tantôt dans le royaume entier, tantôt seulement dans le ressort d'une cour de justice, les arrêts de parlement, le tout avec des limites indécises et des empiétements continuels sur ces limites mal marquées; et vous aurez une idée de la confusion inexprimable qui, progressivement régularisée, devait produire un jour le monument majestueux à l'ombre duquel nous vivons aujourd'hui, qui se conserva pourtant, malgré ses améliorations, jusqu'en 1804 avec ses traits généraux et sa diversité première, depuis qu'émergeant, au xe siècle, de cet immense chaos d'éléments divers et disparates qui, depuis la chute de l'Empire Romain, semblaient en ébullition dans le vaste bassin de l'Europe, l'union du Gaulois, du Bourguignon et du Franc, animée par le souffle puissant du christianisme, avait produit ce mélange d'activité et de force qui devait s'appeler la nation française.

Nous venons de parler d'amélioration, de progrès successif dans les divers droits qui régissaient la France et qui se formaient parallèlement avec elle. Ce progrès, cette amélioration s'accomplit lentement à travers les âges, sous l'effort de la royauté, de la jurisprudence et surtout des jurisconsultes. Pendant près de deux siècles, c'est une nuit profonde, un assoupissement de toutes les forces vivantes et intellectuelles qui apparaît dans notre pays. Le rayon lumineux qui, sous Charlemagne, avait éclairé le monde, s'est tout à coup obscurci. Le droit a suivi le sort des autres sciences. Avec elles, il demeure enseveli sous la barbarie, comme un feu autrefois ardent sous la cendre épaisse qui le recouvre. Le premier réveil se fit pour le droit romain, à cette époque si féconde du XIIe siècle, à la grande voix de l'école de Bologne, d'Irnérius dont l'enseignement, favorisé par la découverte récente des manuscrits de Justinien, rayonnait dans l'Europe entière, envoyant partout des greffes qui donnaient une vigueur nouvelle aux tiges nouvelles qui poussaient. Alors parut cette légion de grands hommes, de travailleurs infatigables auxquels rien n'échappa, qui traitèrent, approfondirent dans toutes ses parties les points les plus obscurs du droit romain, légion qui se continua sans interruption avec des alternatives de décadence et de gloire, depuis les glossateurs Azon, Accurse, Bartole, jusqu'à Alciat et Cujas, ce dernier génie qui mit au XVIe siècle le sceau de la perfection à ce travail, ne laissant rien à faire, pour l'interprétation du moins, jusqu'à ce que la découverte des manuscrits de Gaïus ait fourni, comme autrefois ceux de Justinien, un nouvel aliment à l'étude et à l'investigation des savants.

Le droit coutumier, le vrai droit national, alla moins vite. Il eut d'abord à lutter contre le droit romain, dont l'ensemble puissant, l'ordre parfait répondait si bien, au milieu de l'anarchie féodale, au besoin d'ordre et de stabilité qui se faisait sentir et semblait devoir s'imposer aux cours de justice. Protégé par sa propre nature et aussi par la royauté, qui avait tout intérêt à ne pas donner par la continuation de la tradition romaine une arme aux empereurs d'Allemagne, qui se prétendaient les héritiers de l'Empire d'Occident, il résista à l'attaque, se fit une place assurée, tout en empruntant à l'esprit de raison, d'équité, à l'uniformité de son rival, le moyen de devenir un jour un tout homogène et de former un corps de ses tronçons épars. Mais pendant trois siècles, il avait vécu de traditions, de souvenirs, nécessairement fugitif, incertain, comme tout ce qui n'est pas contenu dans des limites précises, prêtant peu par conséquent aux discussions et aux théories scientifiques. Quelques recueils de praticiens qui tentaient de fixer ses dispositions éparses, quelques ordonnances royales qui semblaient être les pierres d'attente de l'avenir, c'est là toute la culture du droit jusqu'au XVe siècle. Il faut creuser le lit d'un ruisseau qui erre à l'aventure, avant d'embellir ses rivages ou de clarifier ses eaux. Les choses changèrent quand, par la célèbre ordonnance de Montils-les-Tours, Charles VII eut décrété la rédaction officielle des coutumes, et, en sanctionnant de son autorité royale le travail des commissaires, eut donné à ce droit un axe solide, et un texte certain sur lequel on pût travailler et bâtir. Les jurisconsultes parurent alors. Ils commencèrent à tailler dans ce bloc solidifié des coutumes, à le dégager de son enveloppe rude et grossière, et à mettre au jour les veines, les formes innées qui en constituaient la beauté.

Le XVIe siècle surtout fournit pour cette entreprise de vaillants athlètes qui, formés à l'école du droit romain, portèrent dans le droit français cet esprit d'ordre et de logique qu'ils y avaient trouvé. Le plus illustre est sans contredit Dumoulin, qui éleva le premier le droit de la pratique aux théories rationnelles, lui donna des principes, des règles dogmatiques. Un texte, un mot suffisait à son vaste génie pour traiter la matière la plus abondante et embrasser d'un regard tout ce que la raison pouvait y faire entrer. Que de choses approfondies par lui ! que de points obscurs traités, élucidés par son intelligence si grande ! Quelle impulsion, quel développement reçurent les études juridiques. A dater de ce jour, le droit est, à proprement parler, créé comme science.

Les coutumiers s'élèveront au niveau des romanistes. D'Argentré, Coquille, Loysel, Chopin aident aussi, dans un rang inférieur, à ce mouvement commencé. Bien des progrès restaient encore pourtant à accomplir, et, après tant de travaux, Henri IV pouvait dire avec vérité, luttant contre les soldats et les arguments de la Ligue : « La barbarie et la confusion de la jurisprudence, voilà l'ennemi. »

Le XVIIe siècle ne sembla tout d'abord rien faire pour terrasser cet ennemi dont parlait le bon Roi. Héritier naturel et heureux des traditions du XVIe, cet héritage sembla tout d'abord pour lui un fardeau trop lourd à porter ; mais, si ses premières années parurent moins actives et moins fécondes que celles qui l'avaient précédé, la flamme un instant assoupie se ralluma sous Louis XIV plus vive et plus pétillante ; et en même temps que paraissaient ces magnifiques ordonnances (1) qui furent comme les jalons précurseurs de nos codes et comme une première étape dans les perfectionnements de la justice moderne ; en même temps que, sous la forte impulsion de Colbert, se réveillait encore une fois cette idée de l'unité législative, si souvent conçue depuis Charles VII, les jurisconsultes naissaient et préparaient cette unité, but confus de tous les efforts de ceux qui avaient écrit sur nos lois, idée que les nationalités encore trop vivaces des provinces rendaient impossible, mais qui, un siècle plus tard, mûrie par les événements et par le temps, cet artisan nécessaire de toute chose, allait éclore et devenir la passion commune, et pour laquelle se confectionnaient dans le silence les matériaux immenses qui devaient rendre facile la réalisation du grand œuvre, si ardemment souhaitée depuis tant de siècles par tant d'esprits profonds.

Alors, comme presque toujours du reste, on pouvait distinguer deux voies, deux tendances dans ceux qui voulaient se livrer à l'étude du droit et travailler à ses progrès. Remonter aux principes des lois, tracer d'après un type idéal les règles qui doivent diriger les actions humaines, descendre de cette hauteur à l'application de ce qui existe, et, tout en respectant ce

---

(1) Ordonnances de 1667, de 1669, de 1673 et de 1681.

qui est, le comparer à ce qui doit être, et en montrer par là les mérites et les vices : c'est la méthode philosophique ; ou bien s'inspirer uniquement de l'expérience, rechercher à travers les siècles ce qu'a été la loi, en montrer les transformations lentes et successives, et, en donnant ainsi la connaissance réfléchie de ce qui a été, façonner les éléments du passé au bien du présent : c'est la méthode historique.

A la tête de cette première école, et comme son représentant le plus puissant et le plus digne, se place éminemment Domat, le célèbre auteur du *Traité des lois civiles* (1). Jamais le droit tout entier n'avait été embrassé, sondé avec un coup d'œil plus vaste, une sûreté de vue plus grande. Il en cherche le principe au-dessus des législations humaines, dans ces notions premières gravées par le Créateur dans la raison de tout homme, et illuminées par le flambeau de la révélation chrétienne. C'est avec ce guide sûr et fidèle qu'il dresse son plan, qu'il établit ses définitions, qu'il classe les différentes espèces de droit et les caractères qui les distinguent ; puis, abordant la législation positive, qui n'est que l'image imparfaite de cette morale plus haute, le courant moins limpide d'une source identique, il ne s'occupe pas de la diversité de lois qui se partagent le territoire ; il ne voit qu'une chose : l'ordre simple et naturel qu'ont entre elles les matières du droit ; et, puisant alternativement dans les principes romains et dans les principes coutumiers dont il extrait toute la substance, il tente de les concilier en les soumettant les uns et les autres, a très-bien dit M. Cousin, « aux principes éternels de la justice et à l'esprit du christianisme (2), » travail immense et admirable qui, brisant avec toutes les traditions reçues, faisait de tant d'éléments dispersés un tout uniforme où l'on pouvait, au milieu de la plus triste diversité qui fût jamais, étudier les lois dans leur principe, dans leur ordre naturel et régulier !

Eusèbe de Laurière remplit un rôle plus modeste, quoique

---

(1) Les lois civiles dans leur ordre naturel, précédées du *Traité des lois,* vol. in-folio.
(2) Documents inédits sur Domat. — Compte rendu de l'*Académie des sciences morales et politiques,* t. III, p. 120.

aussi grand. Ce que Domat avait été pour la philosophie, il le fut pour l'histoire. Comme Cujas l'avait fait pour le droit romain, le premier des jurisconsultes français, il sentit tous les avantages de chercher le commentaire des lois dans leurs origines. Les législateurs qui se succèdent héritent tous, en effet, plus ou moins les uns des autres ; ils corrigent, modifient quelquefois, copient encore plus souvent, et c'est en renouant les anneaux de cette chaîne forgée d'âge en âge qu'on trouve le vrai, le plus sûr moyen de saisir l'esprit et l'intention, d'éclairer le texte quand il semble obscur, de concilier ce qu'il peut avoir de contradictoire, de combler les lacunes que peuvent signaler l'expérience et le progrès; de même que pour découvrir la nature d'un terrain (et le droit, qu'est-il autre chose qu'un terrain d'alluvion créé par le temps), on décompose les divers éléments qui le forment, et si quelque substance manque, on trouve alors moyen de l'y ajouter pour accroître sa richesse et sa fertilité. Dédaignant donc la riche moisson qu'il pouvait faire dans le champ de la jurisprudence pratique, il chercha, essaya de découvrir les anciens monuments, les vieux manuscrits, les chartes, les diplômes, tous les recueils, tous les écrits qui, de près ou de loin, avaient traité des lois, de les entendre et de faire jaillir la lumière du sein de ce chaos. Quelle entreprise ! Ce n'était autre chose que l'étude complète de tous les droits qui avaient précédé le nôtre. Il fallait remonter à travers des pays inconnus, refaire par un travail personnel ce travail des âges dont les traces, nécessairement vagues et fugitives, se trouvaient à grand'peine, soulever à force de patience tous ces voiles mystérieux qui recouvraient les siècles passés.

Une semblable tâche ne l'effraya pas. Il s'était toujours formé des études juridiques cette haute idée, et il se mit à l'œuvre avec toute la passion d'une âme aussi avide de connaître la vérité qu'ardente à l'embrasser et à la suivre jusqu'au bout. Il commença d'abord à plonger le regard dans les législations de l'antiquité, suivant pas à pas la manifestation du juste chez les différents peuples, et se rendant compte, par cette sorte d'histoire de la civilisation générale, des progrès accomplis depuis les législateurs qui furent comme les premiers instituteurs du monde.

Il arriva ensuite et s'arrêta longtemps à la législation du peuple qui absorba tous les autres, et qui, par cette puissance d'assimilation qui était un des traits dominants de son génie de conquête, avait rendu sa législation, la législation de tous les peuples de l'univers connu. Le droit romain, c'est en effet la source la plus immédiate de nos lois, puisque son esprit s'est pour ainsi dire transvasé à travers les ruines sur les nations qui se sont formées de ses démembrements. Les législations de l'Europe sont nées de ses graines dispersées ; et si, comme ces plantes qui, transportées sous d'autres climats et recevant par le contact la séve des autres plantes, finissent à la longue par former des espèces nouvelles, elles étaient devenues des législations différentes, toujours elles restaient reconnaissables à quelques traits communs, portaient en elles-mêmes le signe de leur origine et la marque du tronc primitif qui les avait produites. Puis il suivit ses progrès à travers les invasions, sa fusion avec les lois barbares produisant les coutumes primitives de la France féodale; retrouvant une foule de renseignements perdus et importants, de pièces curieuses dispersées qui éclairaient notre droit et nos origines; comparant les lois de l'Europe qui, venues, nous le savons, du même principe, avaient conservé dans leur jeunesse l'empreinte des traits maternels, celles de l'Angleterre surtout, que les rapports fréquents entre les deux pays rendaient encore plus semblables, et qui venaient de France par Guillaume le Conquérant, qui les avait déposées sur le sol où elles vécurent et se conservèrent presque sans altération jusqu'à la grande scission de la guerre de Cent-Ans ; et, pour mieux les entendre, pour mieux saisir les nuances délicates, il étudia la langue, l'idiome dans lequel elles étaient rédigées, possédant ainsi avec le vieux français toutes les langues parlées dans l'Europe, joignant à cela l'étude des lois ecclésiastiques, connaissant à fond tous les vieux auteurs, tous les vieux écrivains et tous les historiens qui, reflétant les mœurs, sont pour les lois d'un secours si précieux. C'est alors seulement que, nourri de ces fortes études, de ces solides lectures, qu'ayant accumulé ces richesses, ces matériaux innombrables, arrivé à trente-deux ans avec cette modestie qui convient au vrai mérite, il se trouva seulement l'âge assez mûr

pour écrire, et commença à faire paraître cette série d'œuvres
remarquables que nous allons examiner.

II.

Ses deux premiers ouvrages traitèrent des points spéciaux et
très-controversés de notre ancienne législation : le *droit d'amortissement* et le *ténement de cinq ans*.

Le droit d'amortissement surtout soulevait, au point de vue
moral et politique aussi bien qu'au point de vue du droit civil,
les questions les plus délicates et les plus difficiles. Les ordonnances, les décisions s'étaient succédé à cet égard sans éteindre
les disputes. Voici en quoi il consistait :

Depuis l'établissement de la féodalité, toute communauté,
toute association qui voulait acquérir un bien compris dans une
seigneurie était obligée d'obtenir l'autorisation du roi, et de
payer pour cela une certaine somme, un certain impôt. Quel
était le fondement de ce droit ? Était-il juste ? Les uns prétendaient (c'était le côté le plus passionné de la question) qu'il était
contraire aux immunités ecclésiastiques. Les autres voulaient
qu'il relevât les associations d'une soi-disant incapacité naturelle; ceux-ci le considéraient comme uniquement appelé à rem-
placer les droits de *lods* et de *ventes* perdus pour les seigneurs à
cause des aliénations moins fréquentes des personnes morales.
Il devait s'arrêter alors aux seigneurs aliénateurs. Ceux-là (c'était
probablement les plus ardents) allaient chercher ses racines
jusque dans la législation romaine. De Laurière renversa tous
ces systèmes erronés, et montra que ce droit était simplement
une conséquence logique et forcée de l'organisation territoriale
du pays.

A l'origine de notre nation, au xe siècle, la France, nous
le savons, était soumise au régime des *fiefs*, était composée d'une
foule de petites souverainetés indépendantes reliées seulement
les unes aux autres par différents services, formant, comme l'a

très-bien dit M. Henri Martin, « une hiérarchie de tenanciers qui partait de la tourelle du simple gentilhomme pour remonter jusqu'au donjon royal (1). » L'indépendance de ces principautés cessa avec l'unité, fut absorbée par les progrès du pouvoir central; mais les services fonciers, les relations de foi et d'hommage subsistèrent toujours. Or, affaiblir un anneau de cette chaîne, c'était les affaiblir tous, c'était abréger le fief; et tout bien acquis par une société qui n'est pas comprise dans cette hiérarchie abrége le fief. Le seigneur peut alors refuser son autorisation, ou se faire payer pour l'accorder; mais le seigneur au dessus peut réclamer à son tour; il n'y a donc que le roi qui ait vraiment seul qualité pour amortir, pour dispenser, moyennant finances, de l'hommage et de la foi, puisque tous les fiefs, médiatement ou immédiatement, relèvent de lui, qu'il n'a personne au dessus pour se plaindre de sa décision.

Et ce n'était pas seulement sur le fondement du droit que les difficultés étaient nombreuses; il y en avait aussi beaucoup sur la nature des biens qui y étaient soumis. Les rentes constituées surtout voulaient s'y soustraire. Remontant à leur origine, de Laurière montra qu'elles n'étaient pas seulement des servitudes personnelles, mais de vraies aliénations, diminuant d'une portion notable le domaine qu'elles grevaient; il indiqua plusieurs coutumes où leurs possesseurs devaient l'hommage et la foi, où elles étaient soumises au retrait censuel et féodal, et conclut à ce qu'elles fussent taxées.

Le ténement de *cinq ans* était encore un de ces vieux droits à physionomie singulière, comme on en trouvait tant dans notre ancienne législation. Par lui, l'acquéreur de bonne foi d'un héritage acquérait au bout de cinq ans soit la propriété du bien, soit la libération de certaines charges qui le grevaient. Ce droit était seulement usité dans les coutumes d'Anjou, du Maine, de Touraine, du Loudunois, et il engendrait une foule de controverses soit en ce qui concerne la nature des biens auxquels il s'appliquait, soit en ce qui concerne les personnes à qui il pouvait être opposé, la manière de compter le délai, le caractère que de-

(1) *Histoire de France*, t. III, p. 3.

vait avoir la possession. Eusèbe de Laurière essaya de prouver, par des recherches que ses adversaires les plus ardents n'hésitèrent pas à qualifier « *de doctes et de curieuses* (1), » que ce ténement s'était établi par usurpation, et qu'il ne devait pas plus exister dans ces coutumes que dans le reste de la France. Cette opinion était bien hardie. Aussi, malgré le talent de l'auteur, eut-elle peu d'écho dans des provinces si attachées à leurs usages. Le ténement de cinq ans continua à y rester comme un vieil hôte qu'on n'ose congédier; ses recherches néanmoins avaient éclairci cette matière embrouillée, et sur beaucoup de points douteux on cessa peu à peu de l'appliquer.

Ces ouvrages tout spéciaux n'étaient encore que des essais, comme un premier essor vers des régions plus élevées. Aussi à ces deux dissertations, à ces deux opuscules, succéda bientôt un ouvrage plus considérable, le *Commentaire sur la coutume de Paris*. Rédigée ou plutôt réformée depuis plus d'un siècle, comme la principale et la plus importante, beaucoup d'auteurs y avaient consacré leurs études, avaient longuement disserté sur ses dispositions; mais tous se bornaient à prendre une matière spéciale, à faire un traité systématique sur un point déterminé, y rattachant souvent les autres matières du droit, s'inquiétant peu des textes, compilant surtout les arrêts, laissant par conséquent dans l'ombre beaucoup de difficultés, beaucoup de points sans solution. M. de Laurière, avec son esprit exact, scrupuleux, érudit, changea cette méthode. C'est à rechercher l'intention du législateur que doit surtout s'appliquer le jurisconsulte. L'étude des textes doit être son premier soin. Il commença donc par les restituer dans leur pureté primitive, à les collationner sur les chartes originales; puis, pesant chaque expression, se rendant compte de chaque mot, il allait chercher dans les procès-verbaux, dans les travaux préparatoires des rédacteurs, l'idée, la pensée qui les avait inspirés. Si cela ne suffisait pas, s'il trouvait quelque règle en apparence contradictoire, il invoquait la coutume voisine, indiquait la nuance, souvent imperceptible, qui les distinguait, pénétrait les controverses des arrêts ou des vieux

(1) Mot de Poquet de Livonière.

auteurs qui, avant la réforme, avaient envisagé la chose, et parvenait toujours, en suivant la filiation de la dispute depuis son principe, à montrer dans quel sens elle était tranchée. C'est ainsi qu'il fixa un grand nombre de points insolubles avant lui et déclarés contradictoires.

Mais depuis que ces coutumes avaient été rédigées, depuis que ces vieux auteurs avaient écrit, notre langue avait été complétement transformée. Le vieux français, auquel Fénelon trouvait ce je ne sais quoi *de court, de naïf, de hardi, de vif, de passionné*, qui plaisait tant à son âme, était presque devenu un idiome étranger, nécessitant pour être compris les mêmes études que le grec et le latin, nos ancêtres moins immédiats. M. de Laurière composa un *Glossaire* destiné à éclaircir, à expliquer tous ces termes juridiques autrefois usités. Nous disons *composa*, quoique, à la vérité, ce glossaire n'ait été que la refonte d'un ouvrage moins considérable publié par *Rageau* en 1583, sous le titre « d'*Indice des droits royaux et seigneuriaux ;* » mais il le développa, l'agrandit d'une façon si considérable, qu'on peut l'appeler sans exagération une composition nouvelle. Le moyen âge tout entier apparaît là par lettre alphabétique. Ce n'est pas seulement la signification de chaque mot qu'il commente, qu'il indique ; tous ces mots donnent lieu de sa part, comme dans Ducange, à de véritables dissertations, étendues, approfondies, complètes sur toutes les parties de la jurisprudence, les mœurs de l'époque, le caractère des peuples et des institutions.

Puis, s'unissant avec deux grands hommes, MM. Berroyer et Loger, par la conformité de ses inclinations, et par cette espèce de sympathie naturelle qui unit la science comme la vertu, il posa, de concert avec eux, dans la *Bibliothèque des coutumes*, le plan d'un colossal ouvrage où devait entrer tout ce qui avait été écrit sur le droit. « C'était, a dit très-bien le premier biographe de de Laurière, l'édition d'un nouveau coutumier général, avec une compilation de tous les commentaires sur les coutumes, et un recueil de chartes, des actes originaux et de toutes les autres pièces qui pouvaient servir à leur intelligence (1) ; » et il le fit

---

(1) Secousse, *Ordonnances*, t. II, p. xx.

précéder d'une préface qui est à elle seule un ouvrage des plus remarquables, et où s'étalent sur l'origine de notre droit les idées les plus neuves unies à l'érudition la plus vaste et au style le plus délicat. Elle est suivie d'une liste de toutes les coutumes et de tous les commentateurs. On y trouve aussi, précieusement conservées, quatre consultations inédites du savant Dumoulin.

Après l'origine de notre droit, c'est une étude d'ensemble sur ses dispositions qu'il entreprend. Nous connaissons les variétés infinies de la législation qui nous régissait autrefois, ces usages innombrables différents avec chaque localité, avec chaque territoire, et dont, selon une parole célèbre, « un voyageur parcourant la France changeait encore plus souvent que de chevaux. » Nous en connaissons aussi le motif dans le caractère spontané, irréfléchi de notre jurisprudence. Tout ce qui naît spontanément, tout ce qui est le produit instinctif des mœurs, sans être dicté par quelque principe abstrait, rationnel, manque des éléments de diffusion, reste localisé sans se répandre au dehors, où les mêmes besoins ne se font pas sentir. Mais même au milieu de ce désordre, de cette confusion, de cette anarchie si l'on veut, ne retrouvait-on pas certains traits identiques, certain aspect, certaine physionomie commune, certain air de famille, de même que, dès l'origine de nos provinces, quand la féodalité se forma sur les débris de l'empire de Charlemagne, on sentait déjà planer au-dessus de ces gouvernements morcelés et souvent rivaux un même nom, comme on sentait battre dans leurs poitrines, sur beaucoup de grandes questions, un même cœur, le cœur de la France? Dumoulin avait déjà montré dans ses notes sur les coutumes que le droit national, quoique inférieur au droit romain si profondément élaboré par la doctrine et par la science, quoique ressemblant à l'arbrisseau encore jeune de la forêt auprès du chêne séculaire, n'était pas cependant un ramas de maximes disparates, de règles incohérentes, et que l'on retrouvait au milieu de tous ces mélanges un même fil pour les relier, un même ciment pour les unir, un même ressort pour les faire mouvoir. Antoine Loysel, au XVIe siècle, s'efforça de mettre cette vérité en relief. Il chercha dans une longue vie d'étude tous ces traits, tous ces points communs, pour les résumer dans quelques textes, dans quelques courtes maximes qui étaient comme le Code de notre législation coutumière ; mais malheureusement ces maximes, ces sortes de brocards juridiques où il voulait tout résumer d'un mot n'offraient pas toujours à l'intelligence peu exercée le vrai sens qu'ils renfermaient ; ils avaient besoin de quelque chose qui les fît ressortir en les développant : c'était comme la flamme que renferme la pierre, ou plutôt comme ces diamants encore bruts et qui demandent, pour paraître dans tout leur éclat, d'être façonnés par la main d'un habile ouvrier. M. de Laurière fut cet ouvrier expérimenté, ce ciseleur habile. Il prit chaque texte, exprima de chaque mot l'idée qu'il renfermait, indiqua selon sa méthode historique la coutume, l'ordonnance d'où il était tiré, le rapprocha de ce qui précédait et de ce qui suivait pour rendre le sens plus intelligible, montra par quelle succession de faits la règle était devenue obligatoire, les changements que la jurisprudence avait fait subir depuis, et, rendant ainsi son sens clair et facile, fit de ce livre un des plus intéressants et des plus curieux de l'ancien droit, comme une espèce de photographie qui peindrait des figures dissemblables par leurs traits communs.

Cet ouvrage achevé, il reprit une question spéciale, traita une matière des plus importantes, et donna sur les *institutions contractuelles* un admirable traité qui est encore aujourd'hui le meilleur commentaire, la source d'instruction la plus abondante et la plus précieuse sur ce difficile sujet.

Et ne croyez pas, Messieurs, que cela suffit à une activité d'esprit, à une puissance de travail aussi prodigieuse que la sienne. En même temps qu'il compose un livre, il forme déjà le plan d'un autre qu'il se propose d'entreprendre, essayant de multiplier les heures et ses forces au gré de ses pensées et de son ardeur. Aussi, à côté de ces œuvres achevées et finies, que d'autres imparfaites encore ! que même de projets conçus et qui n'en révèlent pas moins que les œuvres finies ou commencées toute la grandeur de l'intelligence et du mérite de l'artiste ! Ici c'est la coutume du Loudunois qu'il a commentée avec une affection toute particulière, entraîné vers ce pays par cet attrait invincible qui porte tout cœur bien né vers le berceau de sa famille (1).

> Nescio qua natale solum dulcedine cunctos
> Ducit, et immemores non sinit esse sui.
> (Ovide.)

Là c'est un recueil d'actes juridiques, vaste tableau sur lequel doivent venir se peindre tous les monuments de notre ancien droit, où doivent apparaître toutes les formes oubliées de notre ancienne procédure, où, un fil à la main, il doit nous guider et nous conduire, à travers le dédale de notre ancienne jurisprudence, dans le sanctuaire de ces anciens prétoires recouvert de la poussière des siècles, où nos pères autrefois rendaient la justice. Ce sont les notes de Loysel sur la coutume de Paris qu'il doit rééditer; ce sont enfin tous ses ouvrages, auxquels il ajoute chaque jour quelque perle ou quelque vernis nouveau (2).

Puis quand, fatigué d'écrire, son esprit demande quelque repos, il le récrée par un changement de travail. Il sait que toutes les sciences se prêtent entre elles un mutuel concours, et il forme son intelligence à se concentrer et à rayonner à la fois, à s'attacher à un objet particulier, sans négliger de regarder autour d'elle ce qui peut encore l'éclairer. La littérature vient alors allier sa douceur et son charme à la mâle sévérité du droit. Nos prosateurs, nos poètes, tous les grands écrivains qui occupent comme les sommets de la pensée humaine, lui sont aussi familiers que les chartes poudreuses de nos vieux praticiens, ou les écrits de nos légistes. Chaque dimanche, il se réunit avec quelques savants dans une espèce d'académie intime, pour s'en-

---

(1) La famille de Laurière était originaire de Loudun, ville du Poitou. Son père, vingt et unième enfant de la maison, avait émigré vers Paris peu de temps avant la naissance d'Eusèbe. Il occupa successivement chez Monsieur, frère du roi, et chez le duc de Longueville la charge de chirurgien en chef.

(2) Les Institutes de Loysel et le Commentaire sur la coutume de Paris parurent considérablement augmentés après la mort de Laurière, grâce aux notes nombreuses trouvées chez lui. La Coutume de Paris, édition de 1777, comprend trois volumes; la première, de 1698, n'en n'avait qu'un seul.

tretenir sur ces nobles sujets dont son âme s'égaie et se parfume, comme celle du voyageur qui, fatigué d'avoir trop longtemps admiré quelque paysage grandiose ou quelque beauté sauvage de la nature, s'épanouit et sourit devant le gracieux oasis du désert ou le frais ombrage de la vallée. Il a même laissé sur Villon quelques notes remarquables qui ornent avec celles de Marot les œuvres de l'illustre poète. Enfin, avec le droit ancien et moderne, avec l'histoire, avec les lettres, il trouve encore moyen, comme la plupart des hommes illustres de son temps, de se livrer à l'étude de la science sacrée ; et chaque jour il médite sur l'Écriture sainte, livre divin où se sont formés tant d'esprits élevés, et où sa foi sincère trouve, en même temps que son amour du beau, le plus précieux et le plus solide aliment.

Comment s'étonner dès lors qu'avec des connaissances si variées, une érudition si vaste, un savoir si profond, ses avis, de son vivant déjà, fissent autorité partout? Dans toutes les questions difficiles, dans toutes celles qui sortaient du cercle des affaires ordinaires, on avait recours à lui comme à une ressource sûre, comme à un oracle toujours prêt à rendre la réponse désirée. D'Aguesseau, le grand d'Aguesseau, l'honorait d'une considération toute particulière. Les plus savants magistrats aimaient, avant de se prononcer sur un point délicat, à s'éclairer de ses lumières et de ses conseils. Aussi, quoiqu'il vécût retiré au milieu de sa famille et de ses livres, on voyait chaque jour les hommes les plus illustres forcer cette retraite pour venir jouir du charme de ses conversations savantes, certains que, quelque éminent, quelque distingué qu'on fût, on sortirait toujours de chez lui plus éclairé et plus instruit.

Nous pourrions nous en tenir là, Messieurs ; il y en aurait assez, n'est-ce pas, dans ce que nous connaissons déjà d'Eusèbe de Laurière pour illustrer un homme. Tout n'est pas dit cependant, et il nous reste encore à examiner l'œuvre la plus grandiose, qui a été comme la couronne de son existence et comme le creuset où sont venues se résumer et se fondre les études de sa vie tout entière. Quand on visite un musée dans tous ses détails et qu'on s'arrête aux œuvres d'un grand maître, on aime sans doute à connaître toutes les productions qui l'ont illustré ; on aime à suivre pas à pas les différents degrés qu'il a gravis pour arriver à la perfection ; on veut même jeter un coup d'œil sur les toiles commencées et laissées inachevées par la mort qui a glacé le pinceau dans sa main ; les particularités de sa vie vous intéressent ; mais on réserve la plus grande partie de son temps pour son chef-d'œuvre. C'est là surtout ce qui vous passionne ; c'est là où l'on s'attarde, où l'on s'oublie ; c'est sur ce souvenir que l'on veut rester. Faisons la même chose, Messieurs ; et maintenant que nous avons vu tout le reste, abordons la magnifique collection des Ordonnances du Louvre, à laquelle il a eu la gloire impérissable d'attacher son nom.

Il était digne du siècle de Louis XIV, si grand en toutes choses, en même temps qu'il écrivait pour notre histoire des pages si sublimes, de fournir aussi les éléments nécessaires pour faire revivre aux yeux des générations à venir les siècles passés. L'histoire était une des branches qui, dans cette époque si fertile pour les lettres, avait reçu le moins de développements. Sans doute Mézeray marquait sur ses devanciers de grands progrès ; il présentait le premier, réunis, coordonnés dans un même tableau, les différents événements qui formaient le tissu de notre vie nationale, jusque-là écrite par parcelles et dans des mémoires privés ; mais, pas plus dans Mézeray que dans ses devanciers, même chez les grands écrivains de l'antiquité, Thucydide, Polybe, Tite-Live, on ne remontait aux sources : on se bornait à raconter ce qu'avaient successivement transmis les âges, et cette narration, quelle était-elle ? le récit des batailles et le tableau des révolutions. Quant à l'histoire, quant à la vraie histoire qui ne parle pas seulement des luttes des conquérants et du choc des peuples, mais qui s'occupe aussi des événements moins bruyants de la vie intime des nations, de leur administration, de leur commerce, de leur industrie, de leur agriculture, de leurs mœurs, de leurs lois, du mouvement de leurs esprits, qui ranime en secouant la poussière des siècles tout un monde détruit, qui lui communique de nouveau dans toutes ses parties l'âme, le mouvement, qui les fait apparaître à nos regards étonnés dans des scènes animées frappant notre imagination et notre cœur, nous faisant respirer le même air, la même atmosphère que nos ancêtres, cette histoire-là, elle n'existait pas, et il appartenait à notre siècle de nous en doter. Mais, pour cela, il fallait trouver des documents, réunir les matériaux dispersés, rechercher péniblement à travers les ruines les épaves oubliées, les mettre à la disposition des ouvriers qui devaient construire les superbes galeries où le présent converse avec le passé : le XVIIe et le XVIIIe siècle surtout préparèrent, mirent au jour ces éléments qui nous permettaient de pénétrer dans cette ancienne vie.

Pour l'histoire littéraire, la magnifique collection des Bénédictins de Saint-Maur nous fournit des ressources précieuses. On trouve là, réuni par ces travailleurs infatigables, tout ce qui constitue le tableau vivant, animé, du travail des intelligences, depuis les origines les plus lointaines, le résumé clair, exact, précis de toutes les idées qui ont tour à tour remué le monde, de toutes les œuvres, de toutes les productions savantes qui, depuis des siècles, ont formé, élevé, agrandi notre génie national, et pour ainsi dire, selon l'expression d'un des écrivains qui ont le mieux apprécié ce grand ouvrage (1), comme la révélation complète de toute l'âme de la France.

Pour les lois, qui sont également des parties essentielles de l'histoire d'un peuple, à un plus haut degré peut-être (car, si Bacon a pu dire : « L'histoire, sans les lettres, est la statue de de Polyphème à laquelle on a arraché l'œil », sans les lois la statue n'est pas seulement déparée, c'est l'existence même qui lui manque ; si on a connu en effet des sociétés sans littérature, on n'en connaît pas encore qui aient vécu sans religion et sans

---

(1) L'ouvrage, interrompu par la Révolution, a été repris par l'Institut de France ; il continue chaque année, et comprend aujourd'hui vingt-six volumes. Je ne cite que l'histoire littéraire comme une collection et une œuvre des plus remarquables, avant les Ordonnances des rois de France que j'ai spécialement à examiner ; mais on pourrait citer bien d'autres travaux d'érudition commencés à cette époque : *L'Art de vérifier les dates ;* — les *Rerum Gallicarum et Francicarum scriptores*, de Dom Bouquet ; — la collection des *Hagiographes*, du nom de son fondateur, le P. Hardouin ; — les *Annales ecclesiasti Francorum*, des oratoriens ; — la collection de tous les documents authentiques relatifs à l'histoire commencée en 1759 et détruite pendant la tourmente révolutionnaire ; plus une foule d'autres travaux des Baluze, des Ducange, etc., etc.

droit); pour les lois, les ordonnances des rois de France sont un des trésors les plus nécessaires et les plus abondants. Et ce n'est pas seulement le droit privé, la législation civile qui s'y rencontre. Celui-là même naissait surtout des coutumes. On y retrouve le droit criminel, la procédure, l'administration, toutes les questions petites ou importantes qui ont autrefois agité, passionné nos pères. Ce sont les étapes vives et accidentées de notre vie intérieure, le résumé des tâtonnements de la royauté pour se créer sur la féodalité une place de plus en plus large, de ses relations avec ceux qui imploraient son appui, ou dont elle voulait gagner l'alliance, et partant (car les progrès de la royauté ont toujours répondu à cette belle et magnifique idée), le résumé des progrès de la grandeur et de l'unité française. Quel objet digne d'attrait, que de suivre cette marche lente, hérissée d'obstacles, quoique toujours sûre d'elle-même, en courant à son but! On voit d'abord son action très-restreinte. Qu'elle était faible, en effet, Messieurs, en l'an 1051, au moment où de Laurière consigne la première ordonnance, l'autorité du roi de France! Quelle confusion, partout dans ce pays si compacte aujourd'hui et alors si morcelé! A peine le seigneur de l'Ile-de-France a-t-il sur ses égaux une supériorité nominale. La législation est locale; chaque suzerain exerce le pouvoir dans ses domaines. Le roi ne sait pas encore imposer sa volonté aux feudataires indépendants; il ne peut que régulariser le pouvoir législatif dans ce qui dépend immédiatement de lui et dans ses rapports avec les autres suzerains. Mais, moins d'un siècle plus tard, sous Louis le Gros, et surtout sous son petit-fils Philippe-Auguste, que de progrès accomplis! comme la puissance s'accroît et s'augmente! Ce n'est plus seulement pour ses domaines qu'il publie des établissements, c'est pour « *le commun profit,* » comme disent les actes de l'époque, pour l'administration du royaume entier. Sous saint Louis, le mouvement continue; il est assez fort pour porter le coup de mort aux guerres privées et aux duels de bataille, la plaie de l'époque. On entre plus franchement dans la voie d'ordre et de régularité ouverte par Philippe-Auguste. Les ordonnances présentent alors un caractère de généralité qu'on ne trouvait pas auparavant. Ce caractère s'accroît encore, et, sous Charles VII, il s'exécute dans les différentes branches de l'administration des réformes qui assurent à la royauté une suprématie désormais incontestée, et qui ne fait que continuer sous ses successeurs. Les ordonnances s'imposent partout, et donnent même une base aux coutumes vacillantes. Le roi, par ses chartes, établit sa puissance et dicte des lois universellement obligatoires.

Tant d'actes, nés des besoins du moment, presque journaliers, où étaient-ils? Rien de régulier n'existait dans leur forme, aucune précaution n'était prise pour leur conservation. Tantôt ils restaient consignés dans les archives de la ville où ils étaient rendus; tantôt les originaux se perdaient, et leur mention ne se retrouvait plus que dans les écrits des auteurs qui avaient eu besoin de les citer. Tantôt (et seulement quand il y eut un certain ordre, une certaine régularité dans les affaires, spécialement à dater du règne de Philippe le Bel), ils étaient directement adressés aux baillis, sénéchaux, et autres juridictions ne possédant pas la justice souveraine. Tantôt c'était le Parlement qui les recevait et en délivrait des copies aux tribunaux inférieurs; plus souvent ils passaient, en l'absence de contrôle, des greffes des tribunaux dans les cabinets des particuliers. Ils gisaient donc pêle-mêle, richesses inutiles, comme ces mines que renferme la terre avant leur exploitation.

Quelques tentatives de collection, à la vérité, avaient bien été faites. Déjà, au xive siècle, Guillaume Dubreuil avait rassemblé les ordonnances de saint Louis, de Philippe le Hardi, de Philippe le Bel et de Louis X. Dumoulin et Rebuffi, au xvie siècle, avaient agrandi un peu ces recueils; Fontanon et le président Brisson y avaient ajouté quelque chose; mais de grandes lacunes, de grandes imperfections s'y faisaient sentir. Il en était de ces tentatives de collection comme des tentatives d'unité faites si souvent avant le Code civil: elles n'étaient pas inutiles, elles révélaient un certain mérite, elles offraient certains avantages, mais elles laissaient beaucoup à faire. C'étaient des médailles grossières dont le métal pouvait servir, mais qui avaient besoin d'être coulées dans un nouveau moule.

Le chancelier Pontchartrain reçut de Louis XIV l'ordre de

s'occuper de ce vaste recueil et de faire entreprendre, sous la protection de l'État, cet immense travail. On demanda à M. d'Aguesseau, conseiller d'État, et à son fils, alors avocat général, qui devait être plus tard le grand d'Aguesseau, des personnes capables de s'en charger et de le mener à bonne fin. M. de Laurière, si connu pour sa réputation de savant dans l'histoire du moyen âge, fut indiqué, avec MM. Berroyer et Loger, qu'il avait déjà eus comme collègues dans son célèbre ouvrage de la *Bibliothèque des coutumes*, et qui lui furent encore donnés là comme collaborateurs. Ils se mirent à la tâche ; elle était longue : il fallait, en effet, feuilleter tous les ouvrages qui traitaient du droit français; fouiller dans les greffes et dans les dépôts de toutes les cours de justice; déterrer dans toutes les archives ce qu'elles pouvaient contenir ; visiter même les cabinets des particuliers, où, comme nous l'avons dit, quelques originaux, quelques copies avaient pu se réfugier; puis, ces recherches finies, il fallait les classer, faire un plan, tracer un ordre où elles viendraient s'étager. Quelques-unes des compilations anciennes avaient suivi l'ordre des matières, et plusieurs vantaient encore cette manière de procéder. Il était commode, disait-on, quand on avait à examiner un sujet, de trouver réunie sur ce point toute la suite des lois qui le concernent. Mais des tables, des renvois d'une ordonnance à l'autre, quand elles contenaient sur la même question des dispositions semblables ou contraires, ne remplissaient-ils pas le même but? Après plusieurs hésitations, on adopta l'ordre chronologique, et on fut bien inspiré. Tous les progrès se déroulent, de la sorte, à leur temps et à leur heure; l'action successive des siècles, l'influence des faits du passé sur les actes du présent, préparant eux-mêmes l'avenir, se présente plus claire et plus décisive ; on assiste pour ainsi dire, de cette façon, à l'épanouissement même de la civilisation.

En 1706, les trois auteurs purent enfin publier par ordre de dates une table de toutes les ordonnances rendues depuis Hugues Capet jusqu'en 1400. C'était le terme assigné aux recherches, les ordonnances à dater de cette époque étant très-faciles à trouver. Ils rendaient compte en même temps des différents motifs qui leur avaient fait adopter ce plan ; et comme on voulait donner à cet ouvrage le plus haut caractère d'exactitude et d'universalité, on sollicita de tous les hommes instruits les observations qu'ils voudraient faire ; on pria tous ceux qui connaîtraient des ordonnances nouvelles de les communiquer; on ouvrit ainsi une espèce d'enquête publique où tout le monde était convoqué à fournir son avis. La méthode, le plan fut généralement adopté. Il n'y avait plus qu'à l'exécuter.

Ce vaste travail en était là, quand il fut tout à coup interrompu par les malheurs des temps. La France subissait en 1709 une de ces catastrophes, une de ces crises si fréquentes dans ses destinées agitées. Victorieuse depuis plus d'un demi-siècle, elle était à son tour terrassée et vaincue, et l'ennemi foulait son sol. Tous les regards se tournaient avec anxiété vers nos armées, et on se demandait si cette patrie que Louis XIV avait faite si belle n'allait pas être amoindrie, démembrée par ses vainqueurs. De pareils temps ne sont pas propres aux travaux de l'esprit ; ils veulent au contraire, pour s'épanouir à l'aise, le calme, la tranquillité, une atmosphère sereine et pure. Quand l'âme est en proie à de grandes souffrances, elle ne sait guère se distraire de l'objet de sa douleur. Nous les connaissons, Messieurs, ces époques néfastes où les fibres de l'intelligence semblent un moment paralysées et suspendues au profit d'une pensée commune, le salut du pays. Ces désastres cependant ne furent pas de trop longue durée. La France avait retrouvé dans son invincible énergie des trésors de vitalité qui en peu d'années firent succéder aux défaites de 1708 les victoires de Villa-Viciosa et de Denain, permettant le traité d'Utrecht qui scellait par un lien, hélas ! on le croyait indissoluble, la noble Alsace à la mère patrie ; mais à quoi bon réveiller de semblables souvenirs ! ils ne font que rappeler plus cruellement à nos cœurs meurtris les tristesses passées. Reprenons plutôt et bien vite, avec la paix, le retour des lettres, qui en sont comme les hôtes habituels, comme les fleurs qui l'ornent et qui la parent. Dès le commencement du règne de Louis XV, M. d'Aguesseau fit reprendre ce travail. E. de Laurière avait perdu, dans cet intervalle, les deux compagnons qui l'avaient aidé au commencement de son entreprise. L'un, M. Loger, était descendu dans la tombe ; l'autre, M. Berroyer, avait abandonné ses travaux d'érudition pour se verser dans la pratique des affaires ; il restait donc seul pour entamer l'ouvrage et remplir le plan dont nous avons parlé.

Treize années d'un travail assidu le conduisirent presque au règne de Charles V, à la veille de la captivité de Jean II dit le Bon. Il fouilla ainsi les trois siècles les plus obscurs de notre histoire, ceux où les documents manquent le plus, où les chartes, les actes publics étaient le moins conservés, surtout jusqu'à saint Louis, l'enfance, le chaos pour la société civile, et où s'accomplirent pourtant tant d'événements importants. Que d'actes arrachés de l'oubli par ces recherches et ces investigations consciencieuses ! Que d'éclaircissements sur des droits anciens et ignorés qui représentent si bien l'époque, le droit d'aubaine, d'amortissement, de franc-fief, de parage, de frérage ; les gages de batailles, les guerres privées, les chartes communales qui, depuis Louis le Gros surtout, prenaient une si grande impulsion, et dont un des traits les plus intéressants vient de vous être retracé à l'instant, avec autant d'éloquence que d'érudition, par la voix d'un de nos confrères (1) ; les Établissements de saint Louis, cette première tentative de codification du moyen âge ; les aliénations du domaine de la couronne, sur lesquelles, de nos jours, les tribunaux sont encore quelquefois appelés à se prononcer, et beaucoup d'autres qu'il serait trop long d'énumérer ! Et il ne se borne pas à l'inventaire, au froid catalogue de tant de titres divers tirés de l'obscurité : il sait encore, le travail de l'érudit terminé, retrouver la plume du lettré et du jurisconsulte, et résumer, condenser tout ce qu'il écrit dans de magnifiques préfaces qui sont comme ces avenues majestueuses faisant encore mieux ressortir les riches habitations qu'elles précèdent et qu'elles annoncent.

Sa tâche s'arrêta en 1355. L'œuvre n'a été achevée que de nos jours, sous le patronage de l'Académie des inscriptions et des belles-lettres, encore une création de Louis XIV. M. Pardessus, un des savants les plus consommés de notre temps, y a mis la dernière main, en prorogeant d'un siècle la

---

(1) M. Broussard, qui venait de lire un travail sur les anciennes juridictions municipales.

date primitivement fixée, et la reculant jusqu'aux ordonnances de François Ier, terminant ainsi dignement la longue liste d'hommes illustres, des Secousse, des Villevault, des Bréquigny, des Pastoret, qui ont tour à tour porté à ce travail le tribut de leurs veilles et de leurs talents (1) ; mais, malgré le mérite de tant de successeurs éminents, la plus grande gloire reste toujours pour Eusèbe de Laurière ; et au premier mot des *Ordonnances*, c'est immédiatement vers lui que se reporte l'esprit. Quand l'architecte a dressé son plan, qu'il a construit la première partie de son édifice, il peut mourir, il trouvera toujours des hommes pour achever ce qu'il a commencé ; mais s'il faut un jour inscrire un nom sur le frontispice du monument, c'est le sien qu'on y gravera en lettres d'or, car il en est le vrai créateur ; c'est sa pensée inspiratrice qui lui a survécu, qui a animé, soutenu la pensée de ses continuateurs, comme elle a guidé leurs mains.

Pourquoi faut-il, hélas ! que de semblables labeurs ne s'accomplissent jamais qu'avec les plus grands sacrifices ! Ces ouvrages que nous admirons, ces chefs-d'œuvre qui viennent chaque jour enrichir le trésor des connaissances humaines, on peut bien un instant, à leur lecture facile, à leur forme attrayante, oublier les patientes recherches, les douloureux efforts qu'ils ont coûtés à leurs auteurs ; mais si l'on va au fond des choses, si l'on plonge le regard derrière cette toile, dont l'aspect brillant essaie de vous dérober les replis et les contours cachés, on voit bien vite qu'ils sont toujours achetés au prix de peines immenses, souvent de la santé, quelquefois même de la vie. Nul ne l'a peut-être éprouvé davantage que celui dont nous écrivons aujourd'hui l'éloge. Son existence n'a été qu'une longue souffrance. Né avec un tempérament faible, qui eût nécessité, pour se fortifier et se soutenir, sinon un repos absolu, du moins des occupations modérées, il s'est usé insensiblement dans ces veilles prolongées, dans cette immobilité que nécessite l'étude, dans ce travail de l'âme qui semble enlever au corps une partie de sa substance, et qui le ruine bien plus sûrement que les travaux

---

(1) L'ouvrage, terminé en 1849, comprend vingt et un volumes in-folio.

matériels les plus durs et les plus pénibles. En vain ses amis voulaient-ils modérer cette passion qui brisait le reste de ses forces. Il ne connaissait que l'intelligence, et, s'élevant par la volonté au-dessus de la souffrance, il dédaignait ces conseils d'une prudence vulgaire. Dans les dix dernières années de sa vie surtout, en proie à une maladie terrible, on le voyait chaque jour descendre lentement vers la tombe, sans que ni son courage ni son ardeur ne faiblissent un instant. Il s'était voué à l'étude du droit, et il la continua jusqu'à ce qu'il eût achevé de mourir. On peut donc le dire, il est tombé à la tâche, comme le soldat sur le champ de bataille, victime du travail, martyr de la science, martyre glorieux comme celui de tous ceux qui succombent au service d'idées élevées et de sentiments généreux !

Telle est, Messieurs, imparfaitement esquissée la vie de cet homme éminent, de cet illustre jurisconsulte ; ses écrits, ses ouvrages, la résument à peu près tout entière. Ce n'est point, en effet, dans une existence comme la sienne, existence toute d'étude, de silence, de recueillement, qu'il faut chercher des faits propres à intéresser la curiosité. La vie du savant et du sage est généralement peu fertile en événements de ce genre. « Il en est de son histoire, a dit l'éloquent panégyriste de Pothier, comme de celle d'une nation dont le gouvernement aurait été depuis longtemps exempt d'ambition, ami de la paix, uniquement occupé du soin de rendre ses sujets heureux et éclairés sur les moyens d'y parvenir. Les annales de ce peuple seraient stériles ; dès que l'on connaîtrait sa constitution et son administration, on saurait son histoire ; elle serait la même d'un siècle à l'autre, parce que le caractère de l'ordre est l'uniformité (1). » L'histoire n'est en effet, le plus souvent, que le récit des passions des hommes. Quelquefois cependant, nous aimons à voir ce savant et ce sage, entraîné, même au préjudice de son repos, dans un tourbillon qui lui est étranger, nous aimons à le voir

---

(1) *Éloge de Pothier*, par Le Trosne, avocat du roi au présidial d'Orléans, 2e partie, en tête des OEuvres de Pothier.

porter dans les carrières publiques le fruit de cette science si péniblement acquise ; nous aimons à le voir aux prises avec les difficultés de toute sorte, pour admirer, avec la grandeur de son talent, la grandeur de son caractère. Ce spectacle nous était offert l'année dernière dans la personne de M. de Lamoignon, ce type accompli du magistrat, ce modèle de l'abnégation, du désintéressement et de toutes les vertus, qui, dans une circonstance solennelle, pour ne pas mentir à ce qu'il croyait la justice, déposait spontanément aux pieds de Louis XIV sa démission de premier président du parlement de Paris, montrant par cet acte courageux et fier que, pour un homme honnête, et que pour un cœur loyal, la fidélité n'exclut jamais l'indépendance (1)! Aujourd'hui, on offre à nos méditations une vie plus simple, plus calme, plus tranquille, une vie de travail, de labeur, d'immolation à la science et au droit. Il y a là encore de magnifiques enseignements à recueillir ! C'est ainsi que, par une noble pensée, on nous fait chaque année, au commencement de ces séances, pour nous ouvrir la voie et nous tracer la route, évoquer dans le passé un de ces noms, une de ces figures, qui, chacun dans leur genre, chacun à un degré divers, semblent, comme le disait Montaigne, « *triées pour l'exemple du monde* (2). » Le cœur s'anime et s'exalte à ce contact. Les origines de notre âme sont tellement élevées, qu'il lui faut toujours de grands modèles à suivre, de grands buts où elle puisse tendre ! Marcher en avant, ce n'est pas seulement le cri de l'ambition, c'est aussi, ce doit être surtout le cri de notre conscience, qui nous dit que nous sommes ici-bas pour nous développer, nous perfectionner, accomplir, chacun dans notre sphère, la mission qui nous est impartie par Dieu ; et si, en présence de ces types si purs, de ces images si

---

(1) Guillaume de Lamoignon, premier président du parlement de Paris, mort en 1677, donna sa démission, lors du procès Fouquet, pour ne pas consentir à une restriction dans la défense réclamée par Louis XIV. Le grand Roi admira cet acte de fière indépendance et de si noble désintéressement, refusa la démission et continua ses faveurs au célèbre président. (*Éloge de Lamoignon*, discours prononcé le 31 janvier 1874, à la rentrée de la conférence des avocats, par M. Constant Groussau.)

(2) *Essais*, liv. I, ch. LXVI.

élevées, on sentait un instant son courage faiblir, on craignait de ne pouvoir les imiter, rappelons-nous qu'il y a quelque mérite à les suivre, même de loin, et disons avec Stace en présence de Virgile, qu'il désespérait d'égaler :

.... Nec tu divinam Æneida tenta
Sed longe sequere, et vestigia semperadora.

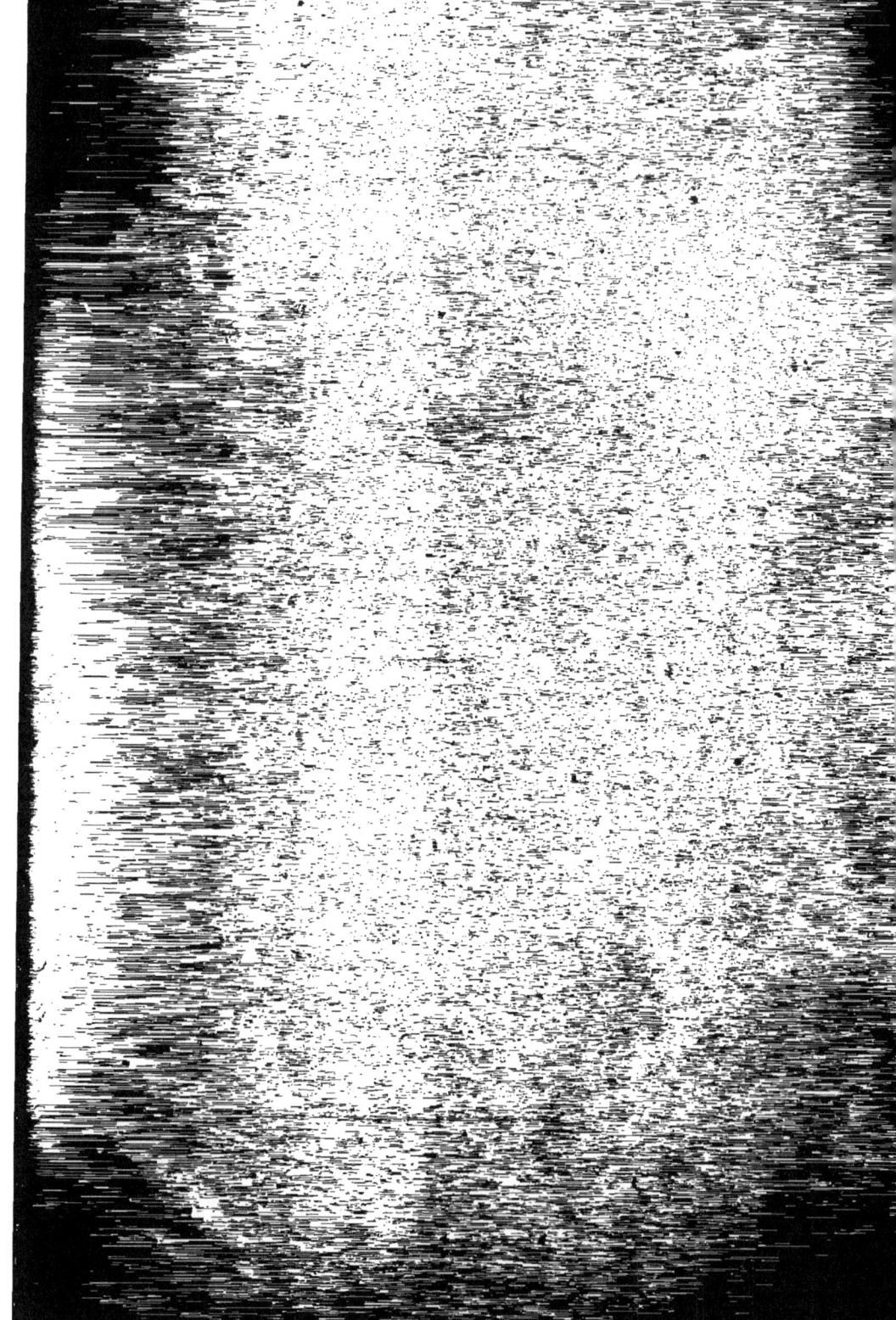

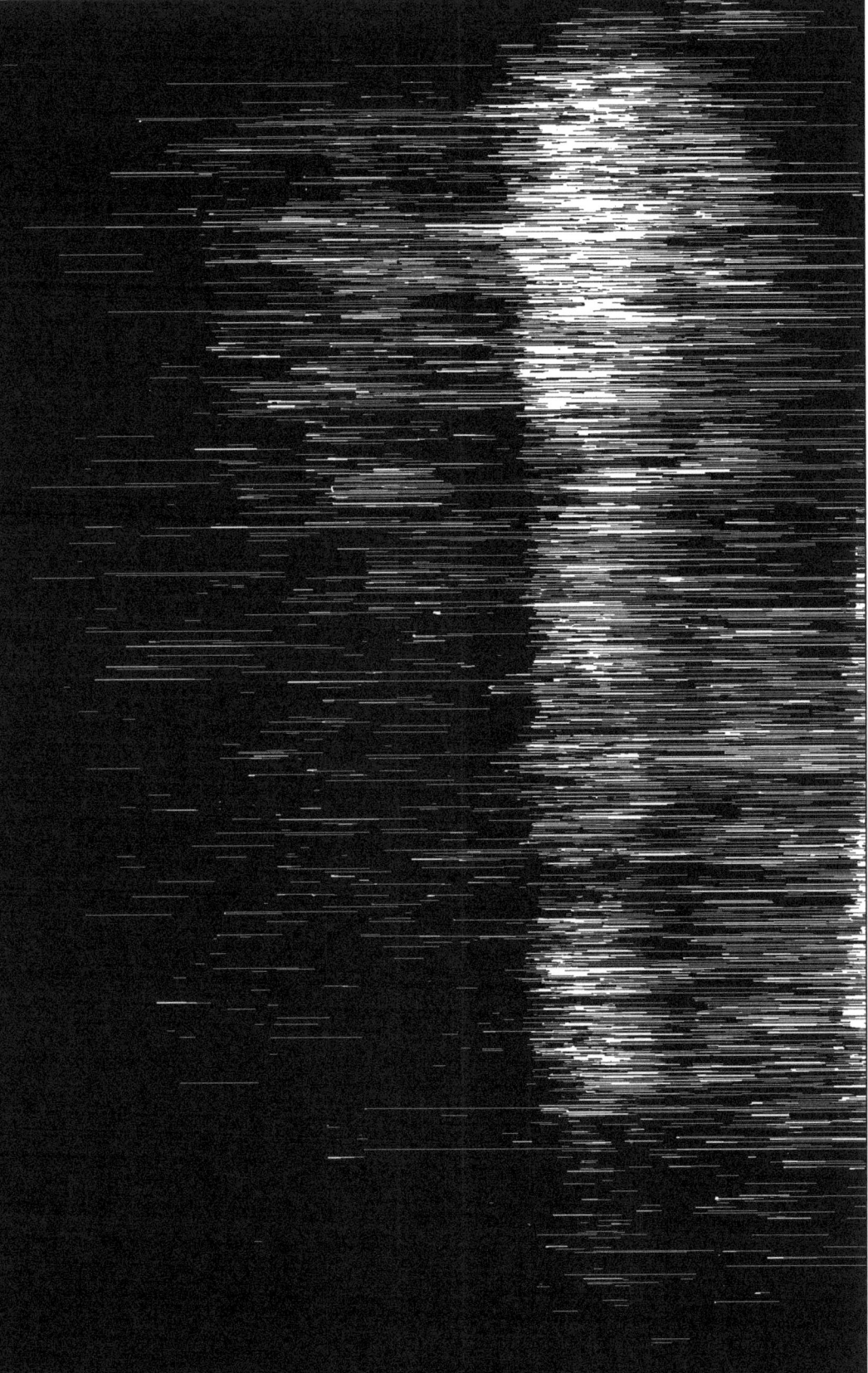